contents

- はじめに／2
- インクルーシブの基礎知識／4

提言1 6
みんなですすめよう！
ともに学ぶ教育を！

1 ともに学ぶ

2 なかまづくり
提言2 8
子どもたちがつながり、
支え合うなかまづくりを
すすめよう！

提言3 10
子どもに寄り添い、
その子とともに課題に
向き合おう！

3 寄り添う

4 社会モデル
提言4 12
障害を「社会モデル」で
とらえよう！

提言5 14
本人・保護者とよく話し合い、
教育内容や環境の
変更・調整を行おう！

5 合理的配慮

6 学校全体
提言6 16
「誰か」がではなく
学校全体でとりくもう！

提言7 18
教職員がお互いの姿を
認め合う関係づくりを！

7 認め合う

8 地域・保護者
提言8 20
地域・保護者とつながろう！

提言9 22
自分らしく生きるための
進路のあり方を、
本人・保護者と一緒に考えよう！

9 進路

10 教育行政
提言10 24
教育行政と、障害者権利条
約や改正障害者基本法など
について、話し合おう！

- 資料／27

資料1 合理的配慮の実践事例
①学校生活のなかで／「号令」、やめました 28
②学校生活のなかで／先生の大へんし～ん！ 30

資料2 インクルーシブ教育の実践例
全員がつながり合うクラスをめざして 32

インクルーシブの基礎知識

1 国連障害者権利条約 〜私たちのことを、私たち抜きに決めないで（Nothing About Us Without Us）〜

　国連総会で「障害者権利条約」（正式名称：障害者の権利に関する条約）が採択されたのは 2006 年 12 月で、日本はこの条約を 2014 年 1 月に批准しました。この条約は、障害者の人権とそれを実現するための措置等について規定した初めての国際条約です。権利条約を批准するにあたり国内法も整備され、「インクルーシブ教育」は日本においても推進していく国際的な義務を負ったことになります。

　「地域で共に学ぶ」ことは権利であり、合理的配慮をしないことは差別にあたるのです。

　スローガンは「私たちのことを、私たち抜きに決めないで」（Nothing About Us Without Us）で、障害者が権利の主体であることを明らかにしました。また、この条約では障害の定義を「医学モデル」ではなく、「社会モデル」に基づいて定義しています。

　この条約では「障害に基づく差別」を、「障害に基づくあらゆる区別、排除又は制限であって、（略）あらゆる形態の差別（合理的配慮の否定を含む）を含む。」と定義しています。

【障害者権利条約】 抜粋

第二十四条　教育

1　締約国は、教育についての障害者の権利を認める。締約国は、この権利を差別なしに、かつ、機会の均等を基礎として実現するため、障害者を包容するあらゆる段階の教育制度及び生涯学習を確保する。当該教育制度及び生涯学習は、次のことを目的とする。
   (a) 人間の潜在能力並びに尊厳及び自己の価値についての意識を十分に発達させ、並びに人権、基本的自由及び人間の多様性の尊重を強化すること。
   (b) 障害者が、その人格、才能及び創造力並びに精神的及び身体的な能力をその可能な最大限度まで発達させること。
   (c) 障害者が自由な社会に効果的に参加することを可能とすること。
2　締約国は、1 の権利の実現に当たり、次のことを確保する。

   (a) 障害者が障害に基づいて一般的な教育制度から排除されないこと及び障害のある児童が障害に基づいて無償のかつ義務的な初等教育から又は中等教育から排除されないこと。
   (b) 障害者が、他の者との平等を基礎として、自己の生活する地域社会において、障害者を包容し、質が高く、かつ、無償の初等教育を享受することができること及び中等教育を享受することができること。
   (c) 個人に必要とされる合理的配慮が提供されること。
   (d) 障害者が、その効果的な教育を容易にするために必要な支援を一般的な教育制度の下で受けること。
   (e) 学問的及び社会的な発達を最大にする環境において、完全な包容という目標に合致する効果的で個別化された支援措置がとられること。

2 そもそもインクルーシブ教育って？

「インクルーシブ」の考え方が国際的に提唱されたのが、ユネスコが出した「サラマンカ宣言」（1994年）です。

「原則は、学校というところは、子どもたちの身体的・知的・社会的・情緒的・言語的もしくは他の状態と関係なく、「すべての子どもたち」を対象とすべきであるということである。これは当然ながら、障害児や英才児、ストリート・チルドレンや労働している子どもたち、人里離れた地域の子どもたちや遊牧民の子どもたち、言語的・民族的・文化的マイノリティーの子どもたち、他の恵まれていないもしくは辺境で生活している子どもたちも含まれることになる。」

ここで確認することは、インクルーシブ教育とは、障害のあるなしに特化したものではなく、すべての子どもを受け入れ、誰も排除しない教育ということです。

資料：サラマンカ宣言

われわれは以下を信じ、かつ宣言する。
- すべての子どもは誰であれ、教育を受ける基本的権利をもち、また、受容できる学習レベルに到達し、かつ維持する機会が与えられなければならず、
- すべての子どもは、ユニークな特性、関心、能力および学習のニーズをもっており、
- 教育システムはきわめて多様なこうした特性やニーズを考慮にいれて計画・立案され、教育計画が実施されなければならず、
- 特別な教育的ニーズをもつ子どもたちは、彼らのニーズに合致できる児童中心の教育学の枠内で調整する、通常の学校にアクセスしなければならず、
- このインクルーシブ志向をもつ通常の学校こそ、差別的態度と戦い、すべての人を喜んで受け入れる地域社会をつくり上げ、インクルーシブ社会を築き上げ、万人のための教育を達成する最も効果的な手段であり、さらにそれらは、大多数の子どもたちに効果的な教育を提供し、全教育システムの効率を高め、ついには費用対効果の高いものとする。

このように、サラマンカ宣言から始まったインクルーシブは、障害者権利条約でより一層国際的な潮流となりました。

3 特別支援教育とインクルーシブ教育、合理的配慮の関係性

「インクルーシブ教育＝特別支援教育」、「合理的配慮＝個別支援」という誤解が生じています。インクルーシブ教育はともに学ぶことが原則です。特別支援教育は、その子どもの障害による困難を克服することを目的としていて、本人が障害を訓練して克服する「医学モデル」です。一方、合理的配慮は、障害による「差別の解消を目的」としているものです。合理的配慮は障害のある子どもとない子どもがともに学ぶために必要な変更・調整であり、特別支援教育の個別の支援とは異なるものなのです。

インクルーシブ教育と特別支援教育のちがい

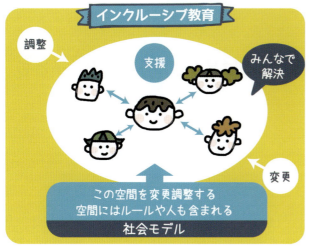

提言 1 みんなですすめよう！ともに学ぶ教育を！

「大切なのはわかるけど、どうやったらいいかわからない。」

そんな声をたくさん聞きます。私たちの多くは、子どもの頃から特別支援学校・特別支援学級があり、「同じ場所でともに学ぶ教育」を受けていません。今まで自分が経験したことのない、見たことのない教育を創造していくのですから、不安になる気持ちもわかります。

これまでの教育観をガラッと変え、新しい形の教育を生み出していくのです。ともに学べない要因が「一斉・画一授業」にあるのなら、それにこだわらない方法を考えていきましょう。いろんな子どもたちが同じ教室で学び合う。いろんな個性のなかまがいて当たり前。一人も排除せずに、みんなが楽しめるクラスにするにはどうしたらよいのか･･･。わからなくなったら、子どもたちと一緒に考えていけばよいのです。そのようなとりくみが、学校でしかできない「ゆたかな学び」そのものであり、何よりも優先されるべきものです。

私たちがともに生きようとすれば、ともに生きようとする子どもが育ち、その子どもたちはともに生きる社会をつくっていきます。難しいことではありません。「同じ場所でともに学ぶ」教育にチャレンジしましょう！

とりくみのヒント❶

● 同じ場所でいろんな学び方で学ぶ授業、子どもたちが互いに教え合う「学び合い」などをすすめましょう。

● 一人も排除せず、みんなで楽しく活動するにはどうしたらいいか、子どもたちと一緒に考えましょう。

障害のある子どもがいて当然の教室を！
―学校は社会の縮図―

DPI 日本会議

　2013年、障害者差別解消法が成立し、翌年の2014年に日本は障害者権利条約に批准しました。障害者権利条約は障害に基づく区別や排除、制限、そして合理的配慮をしないことを「障害に基づく差別」として禁止し、障害者が入所施設などではなく障害のない人と平等に地域社会においてどこで誰と住むか選択できる権利や、障害のある人が生活する地域で質の高いインクルーシブ教育を受ける権利を規定しています。障害のある人もない人も分け隔てられることなく地域で共に生き、共に学び、共に育つインクルーシブな社会に向かって、私たち障害者は大きな希望を抱いています。

　しかし今はまだ残念ながら、社会生活の入り口である学校において、障害のある子どもが小学校や中学校等で障害のない人と同じように普通学級に通おうとすると大ごとになります。「特別扱いはできません」「他の子どもに迷惑にならないように」などと言われて、ようやく入れてもらいます。たとえ普通学級に入ることができても先生には授業でほうっておかれたり、運動会などの行事では一緒にできることを考えようとせず、他の子どもと違うことを当然のようにさせられたり。いじめもありますが、それに対してきちんと対応してくれない先生もいます。個別の支援が必要だ、ということで育ち、学ぶ場を分けようとする圧力がいろいろなところからかかってきてしまいます。

　人生の入り口である学校で障害のある人とない人が分けられると、その後の人生も分かれてしまうことが当たり前になってしまいます。障害のある子どもが普通学級で共に学び育つことがこうも難しいのはなぜなのでしょうか。理由の一つに、1979年の養護学校の義務化により、障害のある子どもは障害のない子どもと違う学校に行くことが義務とされ、普通学級には障害のある子どもがいないことが当たり前になったことに原因があります。そして多くの親や先生も分離教育を受けた世代で、障害者がいない環境が普通のことのように思ってしまう傾向があります。

　でも、新しい時代、障害者権利条約の時代、差別解消法の時代がやってきました。障害があるから、といって一方的に分けることはもう許されません。障害のある人とない人が社会の同じ舞台で同じ活動ができるように社会のバリアをなくす合理的配慮をしないと差別になります。学校の先生方が新しい時代に向けて率先して行動を起こしてください。学ぶ場を分けられた障害のある子どもが社会に出たときのことを考えてください。学校は社会の縮図です。一つの舞台の上にどんな障害があってもなくてもすべての子どもに居場所がある、それがインクルーシブ社会です。そしてそれはまず学校から始まります。この提言集の内容が実践されることを大いに期待します。

※DPI（Disabled Peoples' International）
Disabled Peoples' International の略で、日本語では「障害者インターナショナル」と訳します。DPI日本会議は国際的なNGOであるDPIに加盟した国内組織です。障害者本人（当事者）の集まりであり、障害の種別（精神障害・知的障害・身体障害など）を超えた集まりです。人権の問題として、社会の問題として障害者問題に取り組んでいます

提言2 子どもたちがつながり、支え合うなかまづくりをすすめよう！

「インクルーシブ教育をしたいけれど、人が足りない」といった声も聞かれます。
子どもが困っているとき、クラスの友だちは、それに気づいていますか？授業の内容、友だちとの関係など、子どもが困っていることはそれぞれです。そんなときに、いつもおとなが支援していると、その子の「戸惑い」や「思い」に気づかない学級集団をつくってしまいます。おとながよかれと思っておこなう「個別支援」によって、子どもたちの大切なつながりを切ってしまうこともあるのです。

インクルーシブ教育は、子どもたちのなかまづくりなくしては成り立ちません。「わからなくても」「同じようにできなくても」決してなかまはずれにされず誰もがお互いに「支え合い」「助け合う」、そんななかまづくりが大切です。
子どもどうしがつながることで、解決できることもたくさんあるのです。

とりくみのヒント❷

● 一人ひとりの「居場所」となるような学級づくりをすすめましょう。
「個別支援」は、それが「子どもたちの関係をさえぎる」可能性もあることを認識し、子どもたちの関係づくりをすすめましょう。

● なかまづくりをよりすすめるために、
・普通学級と特別支援学級の子どもたちの交流をすすめましょう。
　例えば、「教室に机を準備する」・「出席簿（学級名簿）に入れる」・「係活動をともに行う」など、できることから始めましょう。

・通級指導教室と普通学級の連携を深めましょう。

・居住地校交流をすすめましょう。

なかまづくり

通級とは

小・中・高校等の通常の学級に在籍する障害のある子どもが、ほとんどの授業を通常の学級で受けながら、週に1単位時間～8単位時間、障害に応じた指導を通級指導教室で受ける指導形態のこと。

居住地校交流とは

特別支援学校に在籍する児童生徒と、その児童生徒が居住する地域の小・中学校等（以下「居住地校」という。）で交流及び共同学習を実践すること。居住地での交流を深めながら地域の学校への転学も視野に入れて実践していくことが必要。

交流及び共同学習の形態交流及び共同学習実施までの流れ（例）

- **学校間交流**
  特別支援学校と小・中・高校等との交流
- **地域交流**
  特別支援学校のある地域の人々との交流
- **居住地交流**
  特別支援学校に通う児童生徒が居住する地域の団体や住民等との交流
- **居住地校交流**
  特別支援学校に通う児童生徒が居住する地域の小・中学校等との交流

---

column

Aさんの一日 ～「ともに学ぶ」ってどういうこと？～

　Aさんの在籍は「特別支援学級」。「交流学級」は2年3組。でも、ほとんどの時間は、2年3組でみんなと過ごしています。Aさんの学校での様子を紹介しましょう。

　Aさんが登校しました。同じクラスのBさんは「おはよう！」と声をかけました。Aさんは、手を上げて答えます。AさんはBさんと一緒に2年3組の靴箱に行き、上靴に履き替え、教室に行きます。荷物の整理をして、かばんは自分の棚に入れました。授業が始まるまでの朝の時間は、友だちのおしゃべりを聞いたり、遊んだりして過ごします。

　朝の会です。Aさんは、出席番号24番、先生が1番から友だちの名まえを呼びます。やっとAさんの順番になりました。うまく返事ができないときは、隣の席のCさんが「Aさんいます」と代わりに返事をします。

　さて、1時間目が始まりました。国語の時間、みんなと同じ教科書やノートを出して、学習です。先生は、Aさんの読める字を知っていて、ときどき当てます。前に出て、書くこともあります。Cさんは、Aさんの様子を見ながら、Aさんが困っているときには教えてくれます。

　授業が終わりました。Aさんは、黒板を消す係ですから、休憩時間に消します。Aさんの係活動については、クラスのみんなでいろいろ考えました。「Aさんは黒板消すのが好きだから」「でも上手に消せるかな？」「うまくできなかったら、手伝おうよ」などの話し合いで決まりました。Aさんは消した後、みんなから「ありがとう」って言われ、嬉しそうです。

　給食当番もします。最初は先生が手伝っていたけど、少しずつ慣れてきました。パンを配るのは、Aさんの得意な仕事です。

　掃除もいっしょにします。Aさんは、ほうきを使いたいのですが、みんなは困っています。だって、あっちに掃いたり、こっちに掃いたりして、ごみが散らばってしまうのです。だから、ほうきの取り合いになり、けんかになることもありますが、話し合って「教え合ってやろう」ということになり、順番にすることにしました。

　2年3組は、毎日、とにかく楽しいクラスです。みんなで考えることが多いクラスです。みんな、困っている人が気になるようになりました。このまえ、Aさんが、泣いているCさんの肩に手をおいて、じいっと見つめていました。きっと、「どうしたの？」って聞いていたんだね！

提言 3

子どもに寄り添い、その子とともに課題に向き合おう！

　いつのまにか子どもを「この子は○○だから」という診断名で見るようになってはいないでしょうか。自閉症やADHD関連の本に書いてあることをそのまま実践していませんか？

　その子の行動の理由、その背景にある生活課題や願いに思いをはせ、「子どもに学ぶ」ことを大切にしなければなりません。

　また、点数化された学力の伸長を求めるあまり、平均点や順位を競わせる教育の導入が子どもたちの序列化を加速させています。子どもを「できる・できない」のまなざしで見て比べたり競わせたりすることで、自尊感情を傷つけられる子どももいます。

　子どもの話をじっくり聞き、子どもに寄り添い、課題に向き合っていくことをさらにすすめていきましょう。

とりくみのヒント 3

- 子どもの話をじっくり聞きましょう。

- 「できる・できない」で競わせず、一人ひとりの違いを尊重しましょう。

- 多様性に気づき、違いを認め合える活動を取り入れましょう。

寄り添う

Q&A
こんな質問、よくあります。
どう考えたらよいでしょうか。

Q1 障害のある子どもには、やはり専門家による個別の教育が必要ではないでしょうか？ また、普通学級で、理解できない、レベルにあわない授業を受けるのは、障害のある子のためによくないのではないでしょうか？

A 　みんなといることによって障害のある子にとってもない子にとっても、学ぶことがあるのではないでしょうか。
　子どもたちの学びあいを大切にすることは、決められたカリキュラムから決められた目標に向かって学ぶという学びのスタイルを変えることが必要です。同じ教室で共通の学習活動をする場合でも、いろいろな子どもがいます。一人ひとりの子どもたちがそれぞれ異なる「めあて」を持って学習できる学びの新しいスタイルをつくり出すことが必要です。

Q2 障害のある子どもが普通学級に入ると、先生やクラスの友だちに迷惑をかけるのではないでしょうか？
またそのことでクラスの友だちからいじめられたりしないでしょうか？

A 　授業において、大きな声を出したり、立ち歩いたりすることを迷惑だと思っているのは誰でしょうか。他の子どもたちもそうしたいと思っているのかもしれません。「いじめ」は、現在では、どのクラスでも起こりうるものです。障害があるから「いじめ」が起こると思っているのは誰でしょうか。また、よくいわれることですが、障害のある子がクラスにいると、他の障害のない子どもたちに、やさしさや思いやりの気持ちが育つといわれます。こうしたことを一概に考えることも控えねばなりません。クラス担任をはじめ教職員集団がどのような児童生徒集団を形成したいと考えているのかにも左右されます。

4つのキーワード

1 一斉授業からの脱皮
- 「教職員の教え」から「子どもの学び」へ
- 柔軟な学習形態（個別学習、同年齢／異年齢グループ学習など）

2 「子どもの学び合い」を活かす教育

3 カリキュラム観の転換
- 「障害児向けのカリキュラム」から、すべての子どもを対象とする「ユニバーサル・デザイン」のカリキュラムへ
- 子どもの生活経験と興味・関心から、構想する

4 子どもを分断しない〈個〉に合った工夫と配慮

障害を「社会モデル」でとらえよう！

できないことは、本人の努力が足りないからですか？

「障害」は本人にあるのですか？　社会にあるものですか？

一緒にいるために、ともに生きるために周りは環境を変更・調整する工夫はできませんか？それが「社会モデル」の考え方です。

たとえば、試験でルビを振ったらみんなが分かりやすくなるでしょう。障害のある子どもに分かりやすく伝えることは、みんなにとっても分かりやすくなります。

インクルーシブ教育はいろんな子がいても一人も排除しない教育です。私たち教職員にある固定観念や発想を変えたら、一歩すすめるかもしれません。みんなが一緒に参加するために、今までの決め事やルールを柔軟に変えていきましょう。

とりくみのヒント❹

- その子の「困難さ」を生み出しているのは社会の側（教職員の意識）が要因になる可能性もあることを認識しましょう。

- さまざまな場面で社会の側にある「障壁」を見つけ出し、それらを取り除いていきましょう。

社会モデル

医学モデルと社会モデルの比較表

障害・障害者の概念 - 障害の医学モデルから社会モデルの導入 -

	医学モデル	社会モデル
障害とは	欠損・異常	社会の障壁 個性・多様性
障害への対応	改善・克服すべきもの	障壁に対する変更・調整

※社会のバリア（障壁）を除去していくことを社会の責務とした。

社会的障壁がある時、「障害者」になる。

社会的障壁がない時、「障害者」とならない。

本人・保護者とよく話し合い、教育内容や環境の変更・調整を行おう！

提言 5 / 合理的配慮

「合理的配慮」を「特別扱い」と思っていませんか?

「合理的配慮」は、障害のある子どもとない子どもがともに過ごすためのもので、「特別扱い」ではありません。分けないための変更・調整が合理的配慮なのです。

「合理的配慮」の目的は、障害のあるなしにかかわらず、ともに同じ教室で学ぶための権利を保障するものです。

例えば、普通学級の中に文字を読みとりにくい子どもや、弱視の子どもがいたとします。その場合、文字を読みとりにくい子どもにはプリント類を読みあげてその内容を伝える、弱視の子どもには、文字を拡大してプリント類などを渡す。そうすることで、みんなと一緒に学習することができます。こういうことが当たり前に行われる教室は、子どもたちにとって、とても居心地の良い場所になるはずです。ただ、こういった「合理的配慮」は、学校が一方的に決めるのではなく、本人・保護者の要望を丁寧に聞き、話し合いで決めることが大切です。

とりくみのヒント 5

- 合理的配慮＝個別の支援ではなく、合理的配慮は「ともに学び、ともに育つ」ためのものであること、そして、必要があるにもかかわらず変更・調整しないことは差別であることを認識しましょう。

- 合理的配慮は、本人・保護者の要望に基づいた話し合いによる合意形成を図るものであることを確認しましょう。

合理的配慮

column

入学試験での合理的配慮！

　高等学校への進学率は、通信制を含めると 98%。にも関わらず、障害のある人、特に知的障害のある人は、高等学校に、そして、大学等にも進学しにくい状況にあります。

　このような状況にあるのですから、知的障害のある人が高等学校等の入学試験を受ける時には、障害のない人との不利益が生じないように、合理的配慮がなされなければなりません。この点は、非常に重要です。

知的障害のある人への入学試験での合理的配慮の実際例

- 試験問題の形式を変えて、選択問題にする。
- 問題文の読み上げをする。
- 口頭で回答した内容を記入する介助者をつける。
- 面接は、分かりやすく、明確な質問をする。
- 話した言葉が本人の伝えたいことと異なる場合があるので、本人の伝えたい内容を正確に聞き取るために、日常生活で関わりがある人が同席して通訳する。

　入学試験は、非日常の環境で行われる訳ですから、普段の生活では必要ではないものが求められることもあります。故に、どのような支援が必要か、慎重に検討されなければなりません。少なくとも、中学校で行われていた配慮をもとに、どのような配慮がなされれば良いのか、見当されるべきでしょう。

平等

公平

同じものを一緒に楽しむために、どうしたら良いか？
それを考えて、変更したり調整したりすることが「合理的配慮」！

提言 6 「誰か」がではなく学校全体でとりくもう！

　特別支援学級担任も普通学級の担任も、何でも一人で抱え込んでいませんか？子どもたちとの対応や、保護者との対応でうまくいかないことを、自分だけで解決しようと思っていませんか？お互いの思いを語り合う場がありますか？

　また、学校行事や、学年の行事（校外学習や宿泊行事、体育的行事）などは、すべての子どもが参加できるようになっていますか？

　子どもたちにかかかわる学校で働くすべての教職員が、子どもたちが、楽しく学べる環境をつくっていくことに何が必要か共通認識することが大切です。そのためには、会議にこだわらず、日頃から困っていることや悩みをみんなで共有することが必要です。

　また、「当事者の思いを聞く」ことも大切です。保護者や子どもたち自身の思いから、今までの生い立ちも含め、必要な支援について聴き取りをすることが必要です。

　そして、その子どもにとってどんな支援が必要なのか、それは教育的に本当に必要かどうかを見極めていくこと、そのことを一部の教職員や管理職だけでなく教職員全体で共通理解することが大切です。また、地域も含め、その子どもとかかわっている人たちとの連携も必要です。

とりくみのヒント❻

● 教職員全体でインクルーシブな学校づくりについて話し合い、全員で共通理解をはかりましょう。

● すべての学級の垣根を取り払い、教職員みんなでとりくみましょう。

● 特別支援学級の担任、学級担任、通級指導教室の担当者、養護教員、栄養教職員、事務職員や支援員、介助員等、子どもにかかわるすべての教職員が連携し、子どものことを話し合うことによって、子どもどうしをつなげていきましょう。

特別支援学校のコーディネーターの役割

　特別支援学校のコーディネーターが共生共学にむけてできることは何か考えてみましょう。

　就学のしくみと手続きが改正されたとはいえ、改正前と何ら変わっていない市町村があるのも事実です。しかし、そうした現状においても、いかに本人保護者の希望を聞き、合意形成にむけた話し合いをすすめることができるか、最終決定権が教育委員会にあるのは現状ですが、その話し合いの場で共生共学にむけた視点をいかに持つかが重要です。

　就学先について、普通学級で、①「合理的配慮」が受けられること、②「支援員」の制度があること、③「医療的ケア」のために普通学級にも看護師配置の予算措置ができたことなどを知らせ、保護者が公平な情報により選択できるようすすめることが重要です。また、幼稚園、認定こども園、保育園など乳幼児にかかわる職種に対し、インクルーシブ教育や社会モデルの考え方を広めるとりくみを強化する必要があります。

多様な専門人材、地域人材（例）

名称	主な職務
理科支援員	理科授業において、教員と相談し、観察・実験等の支援や理科教材の開発支援、理科授業のすすめ方等の提案・助言などを行う。
特別支援教育支援員	障害のある児童生徒に対し、学校における日常生活動作の介助や学習活動上のサポート等を行う。
外国人児童生徒支援員	外国人児童生徒に日本語指導や教科指導における補助や教育相談への対応、また、教材や学校便り等の翻訳作業等にあたる。
スクールカウンセラー	児童生徒の心のケアに当たる専門家。児童生徒へのカウンセリング、教職員に対する助言・援助、保護者に対する助言・援助を行う。
スクールソーシャルワーカー	問題を抱える児童生徒等への支援を行う専門家。家庭の問題等の子どもを取り巻く「環境」に焦点を当て、学校内にチーム体制を構築し、家庭訪問や関係機関と連携して問題解決を図る。
部活動指導員	部活動における児童生徒への専門的技術指導を行う。
学校司書	学校図書館の運営に係る専門的技術的業務や日常的な実務、学校図書館を活用した教育活動への協力・参画等を行う。
ICT支援員	機器やソフトウェアの設定や操作の指導、効果的な活用のアドバイス、デジタル教材やソフトウェアの紹介等の業務を行う。
ガード・リーダー	学校等を巡回し、学校安全体制及び学校安全ボランティアの活動に対して、警備上のポイントや不審者への対応等について専門的な指導を行う。

※雇用形態は各自治体によって異なります。

教職員がお互いの姿を認め合う関係づくりを！

　どんな子どもも排除されず、それぞれの強み・弱みを認め合いながらつながっている、そんな学校をめざす私たちは、まず自分たち教職員がお互いの持つさまざまな面を認め合い、支え合いながら日々の実践を積み重ねていきましょう。

　教職員どうしが日頃から子どものことを本音で語り、自分がうれしかったことや困っていることや悩みを気軽に語り合える学校は、子どもたちにとってもきっと安心できる居場所です。職員室の中で気軽にお互いに話ができる雰囲気づくりをしていきましょう。

　子どもたちの個性がいろいろであるのと同じく、私たち教職員にもそれぞれ違った強み・弱みがあります。得意なこと・不得意なことも違います。「成功」「達成」という結果ばかりを重視する日常では、自分や他人の個性や違いがなかなか認められず、緊張感に満ちた職場になってしまいます。子どもたちの多様性を認め、インクルーシブな学校づくりをすすめるためには、まずは自分たち教職員がお互いの個性や違いを認め合う関係づくりをすすめましょう。

とりくみのヒント❼

●まず私たちがお互いの違いを認め合い、助け合いましょう。

●自分が感じていること、思っていることを気軽に話し合える職員室にしましょう。職員室のそんな雰囲気が教室へと伝わっていきます。

認め合う

column

「認め合う」ってどういうこと？

　近年、全国の学校で行われている「いいとこみつけ」。友だちのいいところを見つけて出し合う活動で、友だちのよさに気づきお互いを尊重し合ったり自尊感情を高めたりするのがねらい。「Aさんは授業中よく発表するところがいいと思います」「Bさんは声が大きいです」「Cさんはみんなをよくまとめていてすごいと思います」など、友だちをほめる言葉が相次ぎます。

　ところで、いいとこみつけの「いい」って何でしょう。「声が大きい」ことが「いい」のなら、「声が小さい」ことは「悪い」ことになります。いやいやそういうことじゃないと言われても、「声が大きくていい」ということを聞くと、声の小さい人は「自分は声が小さくてよくないな」と感じるでしょう。「Aさんは声が小さくていいと思います」とは言われないですよね。

　気が付かないうちに、教職員の価値観を子どもに押しつける結果になってはいないでしょうか？

　子どもだけではなく、教職員も個性はさまざま。学校全体でお互いの個性を認め合う、尊重し合う空気があると、誰もが心地よく学校生活を過ごせるのではないでしょうか。

　例えば、「職員の『できる』面を発表し評価し合う職員室」と、「『困ったこと』や『苦手なこと』を気軽に出し合って話し合える職員室」とでは、どちらに行きたいでしょう。「ねえ、こんな時どうしたらいい？」と言ってみんなで話し合える職員室はとても居心地がいいですよね。そんな雰囲気を学級でもつくれたら、先生も子どもたちもストレスがなく、のびのびと過ごせるのではないでしょうか。

話し合えるっていいね！

提言 8 地域・保護者とつながろう！

「先生、いつもご迷惑をおかけしてすみません。」「普通学級は難しいでしょうか。」
保護者から、こう言われたことはありませんか。

保護者は、「この人は本当に分かってくれるか」、「信頼できる人か」等を、気にしながら話をされます。「信頼できる」と確信を持った人にしか心の奥底にある思いを語ってくれません。今まで歩いてきた道のりに何があり、どう感じてきたのか等、じっくり話を聞かせてもらいましょう。保護者と教職員がつながり、ともに学べる環境をつくっていくことが大切です。

また、地域の力も積極的に活用していきましょう。放課後児童クラブ、スクールボランティア、近所のお店など、様々な地域の人たちが、「大丈夫！まかせておいて！」などと言ってくれるようになると、「ともに学ぶ、ともに生きる」すばらしさが、どんどん広がっていきます。そこは、だれもが生きやすい町になっていくことでしょう。

とりくみのヒント 8

● 日ごろから、保護者の思いをじっくりききましょう。

● 地域の人たちに、「ともに学び、ともに生きる」ためのサポーターになってもらいましょう。

地域・保護者

column

子どもの一生を左右する「早期発見・早期支援」

　2016年5月24日の「発達障害者支援法の一部を改正する法律案に対する附帯決議」に、「発達障害の特性が広く国民に理解されるよう、適正な診断や投薬の重要性も含め、発達障害についての情報をわかりやすく周知すること。特に、教育の場において、（略）早い段階から発達障害に対する理解を深めるための教育を徹底すること」が盛り込まれました。これが今後、教育政策にどのように影響してくるのか非常に憂慮するところです。

　誕生から就労までの「切れ目のない支援」という言葉の裏で、分離・別学がすすんでいる現状は特別支援学校・学級の在籍児童生徒数が毎年過去最高を更新しているという数字によっても明らかです。

　2013年に学校教育法施行令が改正され就学指導のシステムが変更されたにもかかわらず、本人・保護者の意向が最大限尊重されずに就学先を決定されている事例がいまだに報告されています。

　1歳半健診、3歳児健診、就学前健診…早期からの「障害児探し」は加速する一方です。

　幼児期から「気になる」子どもをピックアップして福祉や医療につなげていく。それを全否定するものではありませんが、分離・別学を促したり、教職員側の判断で安易に医療・投薬につなげてしまっては危険です。その子どもの一生を左右することなのですから十分慎重にならなければなりません。

障害のある児童生徒の就学先決定の流れ

※学校教育法施行令より

提言9 進路

自分らしく生きるための進路のあり方を、本人・保護者と一緒に考えよう！

　地域で暮らしている障害のある人のことをどのくらい知っていますか。
障害のある人の中には、その人らしさをいかした働き方をしている人がいます。働いてはいないけれども、地域の中で福祉制度を活用しながら、自分のやりたいことを見つけて自立生活を送っている人がいます。

　働くことは生計を立てる手段としてだけでなく、生きがいとしても大切です。けれど、障害のある人が働こうとすると大きな困難にぶつかります。それを克服するために、さまざまな就労支援の制度があります。一方で、その人の特性にあった働き方を創造したり、地域とのつながりの中で自分らしく働ける場所を見つけたりしている人もいます。制度について知ることはもちろん、いろいろな働き方にヒントをもらって、より広い視野で考えてみましょう。

　ただ、働くことが生きていくことのすべてではありません。趣味を楽しんだり、遊びに出かけたり、人とのつきあいや日常の身の回りのことなど、仕事以外のところにも人生をゆたかにするのに大切なことがたくさんあります。障害者差別は障害のない人には当たり前のことを、障害のある人には困難なものにしてしまいます。就労だけを目的に進路を考えると、人生の選択の幅を狭めてしまうことになるかもしれません。

　私たち教職員は、本人がどんな生き方をしたいのかを一番大切にして、地域で生きていくとはどういうことか、生きがいや生きる喜びを見つけて暮らしていくためには何が必要かという視点に立ってとりくんでいきましょう。

とりくみのヒント9

● 障害のある人が地域で生きていくため、働くための制度について学びましょう。

● 障害のある人の地域生活をサポートするため、関係機関とつながりましょう。

● 一人ひとりの自分らしい生き方を、本人・保護者と一緒に考えていきましょう。

進路

自立（生活）とは

　自立というと「人の助けを借りず、自分で身の回りのことをする」「自分の力で生活するためのお金を稼ぐ」というイメージがあります。それでは、支援が必要な障害者は自立できないのか。いえ、それは間違っています。そもそも、本当に誰にも頼らないで生きていくことができる人がいるでしょうか。

　ここで「自立」というのは、障害のある人が自分は何をしたいか、どのような人生を送りたいかを自分の意志で決定して生きるということです。そして、自らが選んだ生き方を、責任をもって引き受ける主体者であるということです。

　障害のある人たちは、自分では何もできない、庇護されなければならない存在として、自分の意志を無視され、他人に生き方を決められてきたという歴史があります。それを打破するために障害のある人たちの中から「自立生活運動」が生まれてきました。

　介助や福祉制度等は、このような「自立生活」を成立させるためにこそ必要なものです。それは、まわりが提供してあげるものではなく、障害のある人が何をどう利用するか決めるものです。そして、施設や親の庇護のもとではなく、地域のなかで自らがいろいろな制度などを活用しながら、「自立生活」を送っている障害のある人たちが存在しているのです。

障害のある人の就労・生活

● 一般就労 ●

　普通の形の就労と、「障害者の雇用の促進等に関する法律」で事業主に課せられた障害者の「法定雇用率」の枠内で雇用される就労があります。

● 福祉的就労 ●

　福祉的就労とは福祉的な支援を受ける就労で、福祉サービスです。その大部分は障害者総合支援法の就労継続支援事業の、おもにA型とB型が該当します。A型は一般企業等で働くことが困難な人に、労働契約を結んで就労の機会を提供するものです。より障害が重い方が利用されるB型は、労働契約を結ぶことが困難な人に、非雇用型の就労の機会を提供するものです。

A型 労働契約を結ぶ就労　　B型 非雇用型の就労

● その他の就労 ●

　障害のある人の一般就労を促す事業としては、その他に「就労移行支援事業」があります。これは事業所内で作業や実習、就労後の職場への定着にむけた支援をおこないます。そのための公的機関として、「地域障害者職業センター」や「障害者就業・生活支援センター」が整備されています。

● 生活の場として ●

　親元でも施設でもなく、自分でアパートを借りるなどして、「自立生活」を送ることができます。これは就労できる場合就労しますが、就労しない場合、福祉制度を活用しながら生活を送ることができます。

提言10 教育行政と、障害者権利条約や改正障害者基本法などについて、話し合おう！

日本政府は2014年1月に国連・障害者権利条約を批准しました。これにあわせて、日本国内の4つの法律が整備されました。①「障害者基本法」の改正、②「障害者自立支援法」を「障害者の日常生活及び社会生活を総合的に支援するための法律（障害者総合支援法）」とする、③「障害者差別解消法」の制定、④学校教育法施行令の改正、です。これらの法律によって、障害者に関する基本的な理念、一定程度の地域障害者福祉制度、「障害を理由とする差別的扱いの禁止」「合理的配慮の提供義務」などが法的な基盤を持つことになりました。また、「改正障害者雇用促進法」、「障害者虐待防止法」などの法律も整備されました。

行政は法律に基づいてさまざまな事務を執行する機関ですから、法律の考えを遵守しなければなりません。これらの法律を十分理解し、子どもたちの指導・支援にとりくむことが大切です。また、行政には法制度に則った対応を求めていきましょう。

とりくみのヒント⑩

- 行政機関は整備された法律を遵守し、その考え方をよく理解し、徹底すること。
- 国連・障害者権利条約の制定趣旨である「障害当事者の意見」を実現するための「希望の機関」となること。
- 各自治体の条例や障害者基本計画を整備し、インクルーシブ教育を明記すること。
- 障害を理由とする差別への救済を行う第三者による外部機関を設置すること。
- 改正学校教育法施行令の趣旨をふまえ、就学後は、「合理的配慮」を行うこと。
- 「合理的配慮」が学校の判断で可能になるよう、学校財務を確立すること。
- 学習指導要領の柔軟な運用に努め、学校現場の自主性を認めること。
- 「個別支援」は「分けないための支援」であるという原則を確立すること。

法律の概要

障害者基本法

（定義）
第二条　この法律において、次の各号に掲げる用語の意義は、それぞれ当該各号に定めるところによる。
一　障害者　身体障害、知的障害、精神障害（発達障害を含む。）その他の心身の機能の障害（以下「障害」と総称する。）がある者であって、障害及び社会的障壁により継続的に日常生活又は社会生活に相当の制限を受ける状態にあるものをいう。
二　社会的障壁　障害がある者にとって日常生活又は社会生活を営む上で障壁となるような社会における事物、制度、慣行、観念その他一切のものをいう。

（教育）
第十六条　国及び地方公共団体は、障害者が、その年齢及び能力に応じ、かつ、その特性を踏まえた十分な教育が受けられるようにするため、可能な限り障害者である児童及び生徒が障害者でない児童及び生徒と共に教育を受けられるよう配慮しつつ、教育の内容及び方法の改善及び充実を図る等必要な施策を講じなければならない。
2　国及び地方公共団体は、前項の目的を達成するため、障害者である児童及び生徒並びにその保護者に対し十分な情報の提供を行うとともに、可能な限りその意向を尊重しなければならない。
3　国及び地方公共団体は、障害者である児童及び生徒と障害者でない児童及び生徒との交流及び共同学習を積極的に進めることによって、その相互理解を促進しなければならない。
4　国及び地方公共団体は、障害者の教育に関し、調査及び研究並びに人材の確保及び資質の向上、適切な教材等の提供、学校施設の整備その他の環境の整備を促進しなければならない。

障害者差別解消法　（障害を理由とする差別の解消の推進に関する法律）

（目的）
第一条　この法律は、障害者基本法（昭和四十五年法律第八十四号）の基本的な理念にのっとり、全ての障害者が、障害者でない者と等しく、基本的人権を享有する個人としてその尊厳が重んぜられ、その尊厳にふさわしい生活を保障される権利を有することを踏まえ、障害を理由とする差別の解消の推進に関する基本的な事項、行政機関等及び事業者における障害を理由とする差別を解消するための措置等を定めることにより、障害を理由とする差別の解消を推進し、もって全ての国民が、障害の有無によって分け隔てられることなく、相互に人格と個性を尊重し合いながら共生する社会の実現に資することを目的とする。

（国及び地方公共団体の責務）
第三条　国及び地方公共団体は、この法律の趣旨にのっとり、障害を理由とする差別の解消の推進に関して必要な施策を策定し、及びこれを実施しなければならない。

（国民の責務）
第四条　国民は、第一条に規定する社会を実現する上で障害を理由とする差別の解消が重要であることに鑑み、障害を理由とする差別の解消の推進に寄与するよう努めなければならない。

（行政機関等における障害を理由とする差別の禁止）
第七条　行政機関等は、その事務又は事業を行うに当たり、障害を理由として障害者でない者と不当な差別的取扱いをすることにより、障害者の権利利益を侵害してはならない。
2　行政機関等は、その事務又は事業を行うに当たり、障害者から現に社会的障壁の除去を必要としている旨の意思の表明があった場合において、その実施に伴う負担が過重でないときは、障害者の権利利益を侵害することとならないよう、当該障害者の性別、年齢及び障害の状態に応じて、社会的障壁の除去の実施について必要かつ合理的な配慮をしなければならない。

（事業者における障害を理由とする差別の禁止）
第八条　事業者は、その事業を行うに当たり、障害を理由として障害者でない者と不当な差別的取扱いをすることにより、障害者の権利利益を侵害してはならない。
2　事業者は、その事業を行うに当たり、障害者から現に社会的障壁の除去を必要としている旨の意思の表明があった場合において、その実施に伴う負担が過重でないときは、障害者の権利利益を侵害することとならないよう、当該障害者の性別、年齢及び障害の状態に応じて、社会的障壁の除去の実施について必要かつ合理的な配慮をするように努めなければならない。

（相談及び紛争の防止等のための体制の整備）
第十四条　国及び地方公共団体は、障害者及びその家族その他の関係者からの障害を理由とする差別に関する相談に的確に応ずるとともに、障害を理由とする差別に関する紛争の防止又は解決を図ることができるよう必要な体制の整備を図るものとする。

今後求められる法整備の課題

- 学校教育法施行令の改正によって、「本人・保護者の意向を最大限尊重する」となった。しかし、専門家の総合的判断とされ、地域の学校での就学が、保障されていない。地域での普通学級の学籍を保障した上で、本人・保護者の希望により特別支援学級・学校での学習も可能となるようなシステムにあらためる。
- 就学先の決定に関して、異議申し立てがあった場合の第三者による調整・救済機関を設置する。
- 分けた場での教育を強制することが差別であり、分けないための「合理的配慮」であることを明確にする。
- 「合理的配慮」がガイドラインをともなって提示されることにより、その範囲を狭めている。実施者側のガイドラインに沿った実現ではなく、本人・保護者の意向を可能な限り尊重することを明確にする。
- 障害者差別の解決のための救済機関を早急に整備する。

memo

資料

合理的配慮の実践事例

①学校生活のなかで／「号令」、やめました
②学校生活のなかで／先生の大へんし〜ん！

（インクルーシブ教育実践データバンク編
「つまり『合理的配慮』ってこういうこと？」より）

インクルーシブ教育の実践例

「全員がつながり合うクラスをめざして」

（第65次教育研究全国集会インクルーシブ教育分科会リポートより）

資料 1-①

> 合理的配慮の実践事例①
>
> # 学校生活のなかで
>
> ## 「号令」、やめました

- ●校種　　　　　　　小学校
- ●学年　　　　　　　5年生
- ●教科等　　　　　　学校生活全般
- ●実施時期　　　　　4月
- ●社会的障壁は何か　Aは、「起立、気をつけ…」等の「号令」が苦手で、落ち着かなくなる。その結果集団に入れずに、授業や行事に参加できない。

1 実践・取組の展開

(1) 授業の開始時に、号令をしない。その代わりに、Aを含むクラスの子どもたちが授業のはじまりを意識し、授業に集中できるように、担任が展開を工夫する。
　◎導入では、子どもたちがワクワクできる素材を提供する。
　◎目当てを理解できるように、明確に提示する。
　◎授業全体のタイムスケジュールを示し、全体の流れを理解しながら授業に参加できるようにする。特に、Aにとっては、次に何が起きるのか分かっていることが重要なため、時間の経過ごとに何が展開されるのかが分かるようにしている。

(2) 体育等の授業の開始時でも、号令をしない。Aを含む子どもたちは、担任からの指示が聞こえやすい位置に一人一人が判断して立ち、集合して待つ。Aも、子どもたちと一緒に担任の説明を聞くことができ、自然に活動に参加できるようになった。

2 合理的配慮　社会的障壁を解消するため＝障害がある子どもとない子どもが一緒に学び、育つために行った工夫

(1) 教育内容・方法の変更及び調整
　　号令をやめる。

(2) 人的配置に関わる変更及び調整
　　新たに配置された教職員はいない。

(3) 施設・設備に関わる変更及び調整
　　新たに配置された施設・設備はない。

3 結果

(1) 障害のある子どもの変化、新たな「つながり」など
　　授業の最初に号令をすることによって、Aは授業や活動そのものに参加できなかったが、やめることによって授業等にスムーズに参加できるようになった。
　　ただし、専科の担任による授業等では、号令を廃止してはいない。Aは、担任の行う授業に参加できるようになったことで自信をもて、専科の授業で号令をされても我慢でき、柔軟な

28

対応ができるようになってきた。担任との関係で育まれた力が、他の人を拒絶することから受け入れるように変化してきている。

(2) 周りの子どもの変化、新たな「つながり」など
　Aと同じように号令が苦手な子どもがいるため、その子どもたちも号令をすることで活動に参加しにくかったが、この子どもたちにとっても導入がスムーズになった。

(3) その他（波及効果など）
　号令を使わないことで、子どもたちを強制的に動かすことができないため、担任がどのように説明すれば理解しやすいか、子どもたちが集中できる授業展開や内容の工夫をするようになった。授業中は、子どもたちの表情を見ながら、集中できているかどうかを確認し、集中していない場合には話し方や展開を変更したりするようになった。

　普段からクラスの子どもたちに対しては、子どもたち自身で話し合うこと、その中で決まったことについては当然、担任も従うことを徹底させている。子どもたちによる話し合いの結果、変更されたり廃止された決まり事は多くある。例えば、朝の会は子どもたちによる話し合いで、不要ということになった。ただし、学校全体のルールの変更については、一つのクラスの結論だけでは変更できないことや、必要な手続きがあることを説明し、その変更に向けて取り組むことを検討するようにアドバイスもしている。

4　実践、取組を振り返って　課題、感想など

　Aにとって苦手だった号令は、どうしてもなければならないルールではないということに気が付かされた。むしろ、担任にとって子どもたちを容易に管理するためのものに過ぎないものだと言える。Aにとっては、これらの管理のためのツールによって、かえって集団活動への参加が阻害されていた。そのようなルールを廃止し、担任の側が伝え方を工夫すれば良いことが実感できた。

資料1-②

合理的配慮の実践事例②

学校生活のなかで

先生の大へんし〜ん！

- ●校種　　　　　　小学校
- ●学年　　　　　　5年生〜6年生
- ●教科等　　　　　学校生活全般
- ●社会的障壁は何か　Aは、5年生になり、新しく担任になった担任に新学期1日目に「お前なんか担任失格だ」と言って憤り、それ以後激しく反発する。一方で、クラスの子どもたちは、これまでのAとの学校生活でどのような場面で感情を爆発させるのか付き合い方に慣れていた。Aにとっては、担任が社会的障壁に？

1 実践・取組の展開

(1) 担任になって1年目。夢にまでみていた教壇に立つ。5年生を担任することになり、引継ぎのための説明では、Aはこだわりがかなり強いとのことだった。しかし、Aのクラスでの友人関係は良好でむしろ人気者であること、また自分が間違ったことをしたらしっかり謝罪ができると説明があった。

(2) 4年生の担任はAに対して宿題の提出を求めていなかったが、5年生になったAに対して、新しく担任になった者としては他のクラスメイトと同じ扱いをする事にした。
　他の児童と同じ活動や行動を求める担任に対して新学期1日目に「お前なんか教師失格だ」と罵り、それ以降、暴言を吐くか、または、無視するようになる。例えば、「きちんと座りなさい」と言うと机に座り、目が合うと目を三角にして担任を睨み「お前の顔なんか見たくない、近寄るな」、担任が触ったものは「汚い」と言い、担任を遠ざける日々が続く。
　Aの口癖は、「去年とは違う」「今までは○○だったのに」「お前のせいで」だった。

(3) 宿泊研修では、Aは張り切りすぎて危険な行動をし、そのために宿泊施設の職員から厳しく叱られた。それに対して、「こんなところで働くなんて、よほど仕事がないんだな」等、暴言を吐く。

(4) Aは、担任に対して罵詈雑言を続けた。Aとの関係修復を試みてもがいたが、追い詰められ、とうとう教室に入ることができなくなった。

(5) 校内研修会で、「教師の思いを率直に伝えてよいのではないか」「どのようなクラスにしたいのか、子どもたちに説明してもいいのではないか」等のアドバイスを受け、クラスの子どもたちに、担任の思いを話すことにした。真剣に、そして必死に語る担任の姿を見て、それ以降、担任の気持ちを受け止める子どもが出てきた。この子どもたちは、以降、Aと担任との間に入り緊張した空気をやわらげてくれるようになった。

(6) どのような場面でAが怒るのか、何が刺激になっているのか、声を録音し、分析して調べることにした。すると、大きい声や高い声に対して、Aが反応していることが分かった。
　大きい声で話をする時には声が高くなる傾向にあるため、声のトーンを低くして話すようにし、なるべく大きい声を出さないようにも心がけた。この他、スーツを着るのをやめ、やさしい色の服を着るように心がけた。

(7) Aがキレたり、暴言を吐くのには、必ず理由があることが分かってきた。そこで、落ち着いた雰囲気でAの気持ちを丁寧に聞くようにした。Aは褒められることに慣れていなかったので、返事の仕方、目線の置き方等、小さいことであっても褒め、自信をもてるようにした。

(8) 担任がAに対する対応を変えたことによって、担任を「先生…」と呼ぶようになった。現在は、他のクラスメイトと同じように課題にも取り組み、提出物も出すようになっている。

30

2 合理的配慮
社会的障壁を解消するため＝障害がある子どもとない子どもが一緒に学び、育つために行った工夫

(1) 教育内容・方法の変更及び調整
　Ａを興奮させる原因を探り、Ａに対する接し方を変えた。
　例１：大きい声で話をしない。
　　　　話す声のトーンを低くする。
　例２：キレる原因をＡの言葉で説明する。
　　　　その際に、Ａの思いや考えを否定せず、どのようにしたら行動が改まるのかを考える。
　　　　担任はＡの思いに同調する。
　例３：Ａは初めて挑戦する活動や学習、環境に極度の抵抗を示す。
　　　　まず、担任がモデルとなり、見通しをもって取り組めるようにする。

(2) 人的配置に関わる変更及び調整
　新たに配置された教職員はいない。

(3) 施設・設備に関わる変更及び調整
　新たに配置された施設・設備はない。

3 結果

(1) 障害のある子どもの変化、新たな「つながり」など
　Ａは、情があつく、仲間のためには罪もかぶるような面もある。そのため、クラスの子どもたちからの人気がある。担任とのバトルを経て、Ａの担任への信頼度が変わってきた。学級の外でトラブルがあったときや下学年に自分の思いが上手く伝えられなかったとき、担任へ報告にくるようになった。また、周囲の児童に対しても自分の良い面をアピールするようになった。

(2) 周りの子どもの変化、新たな「つながり」など
　クラスの子どもは、争いごとが苦手で、友達が叱られている場面を見るのを嫌う傾向にあった。この取組みを経て、クラスのチームワークが良くなり、高学年としての役割をしっかりと担えるようになってきた。今までＡに対して気を遣っている面があった子どもたちも、Ａの変化を肯定的に受け止め、口に出してＡを評価するようになった。Ａは、その評価に見合う行動をしよう、学級の一員としての自覚が生まれてきた。

4 実践、取組を振り返って　課題、感想など

(1) 現在は、とても穏やかな学校生活を送ることができ、Ａとの一つ一つのやり取りを宝物のように感じ、とてもいとおしい気持ちでいる。来年には、Ａは中学に入学するので、保護者はこのことに対する不安を抱えているため、卒業に向けて中学校とも連携していきたい。

資料2

インクルーシブ教育の実践例

全員がつながり合うクラスをめざして

第65次教育研究全国集会インクルーシブ教育分科会リポートより

A　はじめに

　本校は、大阪府豊中市の中部にある中学校である。1978年、豊中市は「障害児教育基本方針」を制定し、この40年近く、「障害」のある子もない子も地域の学校で同じクラスで分けずにともに生活し、学ぶことを大切にしながら、具体的な実践を一つひとつ積み重ねていく中で「ともに生き、ともに学び、ともに育つ」教育への共感を広げ、その歩みを刻んできた。

B　戸惑いと変化の中で

　私は2013年4月、本校へ初任者として赴任した。本校に来て、驚いたり戸惑ったりすることの連続で、その中の一つが支援の必要な子どもに対する対応である。

　私は生まれも育ちも、実習も講師経験も豊中市以外の場所で行ってきた。自分が知っている支援教育は、支援が必要な子どもは、特定の教科の時間になれば支援教室に行き、それ以外は支援学級担当者（以下、支援担）が授業に入り込む方法だった。しかし本校では、支援が必要な子どもも、全ての時間を教室で過ごしている。1年目は3年生の副担任で、いろいろと戸惑うこともあり、授業中やテスト監督をしている時も、緊張と不安が常につきまとった。正直、本校の支援教育に疑問も抱いていた。支援が必要な子どもだけでなく、授業に入れない子どもに対しても、今思い返してみると、私は排除（分けて指導）するような考え方をもっていたのかもしれない。そうした中、さまざまなできごとがあり、先輩教職員のアドバイスをいただきながら、何とか1年を過ごすことができた。最初は戸惑いや疑問をもっていたが、1年が終わる頃には、本校の教育に疑問をもつことはなくなっていた。

　そして、2014年度は1年生の学年で初めて学級担任をすることになった。私のクラスは学校に来にくい子どもが数人と、支援が必要なAがいる。小学校の時に、Aとは別の、支援が必要な子どもに対していろいろ考え行動したというBもいる。Bのことは前年度から聞いていた。担任とともに支援が必要な子どものことを考え、いつもその子の側にいたというのがBだった。そうしたBとAが今回初めて同じクラスになり、自分のクラスにいるということに、プレッシャーを感じながら、入学式を迎えた。

C　クラス目標が決まる一方で・・・

　不安を抱きながら、入学式を終え、1年生がスタートした。会話することが厳しく、自分の思いもすぐに口に出せず、指示を出してもなかなか行動に移せないA。少し集中力が足りずに注意されがちなB。Bはもともと、少し問題行動を起こすと聞いていたので、最初はBをどうやってAに近づけたらいいのかわからなかった。

　そうした中でクラス目標を考える時間があった。この時、すでに学校に来にくい子どもがいた。Aや学校に来にくい子どものことを考えつつ、班ごとに目標を考えさせ、最終的に全ての班の意見を混ぜてできたクラス目標は「全員がつながり合うクラス」。支え合う・認め合う・励まし合うなどのキーワードが出て、みんなで「〜し合いたい！」という気持ちから決まったクラス目

標である。クラスの子どもは、Aに対して「してあげている」と思っていない。「自分たちもAからもらっているものもあるからお互い様」という意見がでた。その考えがあり「～し合う」というキーワードが出た。

クラス目標が決まり、私自身も少し担任の仕事に慣れてきたが、1学期の終わり頃には学校に来にくい子どもが増え、またクラスの保護者から「Aに対する学校の対応がおかしい」と指摘された。保護者の意見は1年前に私自身が抱いていた気持ちと似ていたので、共感はできた。しかし、1年間本校で過ごし、「この学校の支援教育は決して悪くない、学校の対応もおかしくない」という思いがありながら、この時私は、保護者を納得させる返答ができず、何となく話を聞くことしかできなかった。

D 自分自身の悩みと葛藤

保護者から指摘されたこともあり、私は必要以上にAにつきっきりに関わっていくことになった。また、Bを無理やりAに近づけ、何とかBに小学校の時のようにクラスで活躍してもらおうとしていた。Bは影響力のある子どもで、クラスの雰囲気はBの気分次第で変わるくらいだ。また、Bは授業中もよく注意されていた。今のままでは小学校の時に培ったBの力を発揮できない。せっかく小学校で培ってきたBの力を私は壊してしまう。私はそうした考えから、Bにばかりこだわっていた。

すると周りの子どもは「Aのことは先生や特定の誰かがやる」と思ったのか、自分たちからAに関わらなくなった。私はAやB、そしてクラスの子どもと、どう関わればいいのか次第にわからなくなった。

E 子どもたちの関わりあいのなかで

どうすればいいのか戸惑っていた時に、ふとAのお母さんの想いを聞こうと思い、家庭訪問をした。その中で、ある子どもの話を聞いた。1年2組では、4月の途中から「Aノート」というものを始めていた。1日のAの様子をクラスの子どもがみて、ノートに書いてお母さんに見てもらうというもので、そのノートを読みお母さんが感激して涙を流したコメントがあったそうだ。私と話している時も、そのコメントを思い出し、涙を流していた。その時、私は「Bにばかりこだわっていた自分」に気づかされた。Aとともに過ごしているのはBだけではない。2組の子ども全員がAのクラスメイトで、自分が気づかないところで、Aのことをよく見て、お母さんに伝えている。そのことに気づいた時から、私はAにつきっきりにならず、Bに固執しなくなった。

2学期末に、Aと同じ班のメンバーと放課後に話し合いをしたことがある。その子どもたちは全員Aとは違う小学校出身だが、よくAのことを見ているので、教職員以上にAの思いを知っていて驚かされた。自分の身の回りの整理整頓が苦手なAが、どうすればスムーズに準備や片づけができるのか、登校してきたらどうすれば良いのかをAにわかりやすく伝えるためにはどうすればいいのか、など自分たちで話し合い、いろいろなアイデアを出してくれた。そして自分たちが考えた案を実行してAがそれを達成できたときは、自分のことのように喜んでいる姿を見ることができた。「Aのことを考えて、周りが協力してクラスがまとまってる気がする」と話してくれた。

2学期は行事が多く、いろいろな場面でクラスの子どもとAが関わっていた。冬休み前の懇談で、1学期に「Aのことを子ども任せにし過ぎている」と言っていた保護者が、「Aのことは、みんなが好きで協力しているみたいですね。うちの子も2学期にいろいろ関わってみて、考え方が変わったみたいです」と言われた。子どもとAが直接関わる時間をもつことにより、クラスの子どもの考え方が少しずつ変化してきた。クラス目標どおり、お互いが「～し合っている」ということかもしれないと感じた。

3学期に入り、クラスを良くしようという動きが出てきた。そんな中、調理実習が行われた。2学期にも2回実習があったが、Aは包丁や火を怖がり、何もできずに過ごしていたそうだ。今回最後の実習ということもあり、教科担任が「Aですが、実習中どうしたら良いですか。何

かできることをさせた方がいいですか」と心配して相談してくださった。教室と同じ班メンバーで実習をするということを聞いた私は「何も特別なことをしなくても大丈夫です。班の子に任せてください」と答えた。以前の自分だったら「少しでも班の子の負担にならずに、できることを考えて、私がAにつきます」と答えていただろう。クラスの子どもにAを任せることに今、何の不安も抱いていない自分に気づいた。

F 笑顔の発表

　1年最後の国語で、クラスの人へのメッセージを書道の時間に書かせ、皆の前で発表する場があった。Aは「ありがとう」と書き、この言葉を選んだ理由を述べていた。声が小さくすぐそばまで行かなければ聞こえない声量だが、クラスの子どもたちはAの発表を真剣に聞いていた。少しでも聞こえるように、教室中が静まり返り、集中してAの発表に耳を傾けた。Aは終始笑顔で、自分の書いた作品を皆に見せていて、それを見てクラスの子も笑っていた。私は1年前を思い出した。入学してすぐ、自己紹介をした。その時、Aのことを知らない子どもが多く、笑いはなかった。1年たって同じように発表すると、皆笑顔でAの発表を聞いていた。教室の雰囲気が1年後には随分変わっていた。

G 「自分ごと」として考える

　私は自分が育った地元に帰った時に本校の支援教育や子どもたちとの関わりの話をしたら驚かれた。全ての時間をクラスで過ごし学ぶことに対して、以前の私と同じ感想を抱いたようだ。その時、私は「私もそう思っていたけど、実際やってみたら、支援の必要な子どもも周りの子もさまざまな力をつけて、すごく良い経験になっているよ」と答えた。そう思えるまで時間はかかったが、Aやクラスの子どもたちを見て自信をもって答えることができた。

　AとBの関わりについてだが、先輩教員と話しているときに気づかされたことがある。調理実習のとき、Bが私に「Aは何もしてないで」と言ってきた。その時、班のメンバーは「そんなことないで。〜したし、〜もしたやん」と言っていたが、Bだけが「Aは何もしてない」と言っていた。その話をしたら先輩教員が「いちばんAと対等に付き合っているのはBだね」と言ってくれた。他の子は「Aだからここまでしかできない」と決めつけているところがあるが、Bだけは「もっとAはできることあるやろ」と思っている。だから「何もしていない」と言った。本当の意味で全員がつながり合える、対等の関係を築いていく難しさを改めて感じたできごとであった。そんなAとBは、今年度も私のクラスの子どもである。相変わらずBは必要以上にAと関わらないが、Aが困っているときはそっと側にいき、手を差し伸べている。この二人の関係から、いろいろなことを今後も学んでいきたいと感じる。

　本校は人権教育を大切にしている。3年間で、自分のことだけを考えて周りには無関心な人間にならず、「自分ごと」として考えられる、そんな気持ちをもてる人間になってもらいたい。いろんな個性をもった仲間がいるこの学校でそんな気持ちを育んでほしい。